BEI GRIN MACHT SICH IHR WISSEN BEZAHLT

- Wir veröffentlichen Ihre Hausarbeit, Bachelor- und Masterarbeit

- Ihr eigenes eBook und Buch - weltweit in allen wichtigen Shops

- Verdienen Sie an jedem Verkauf

Jetzt bei www.GRIN.com hochladen und kostenlos publizieren

Bibliografische Information der Deutschen Nationalbibliothek:

Die Deutsche Bibliothek verzeichnet diese Publikation in der Deutschen Nationalbibliografie; detaillierte bibliografische Daten sind im Internet über http://dnb.d-nb.de/ abrufbar.

Dieses Werk sowie alle darin enthaltenen einzelnen Beiträge und Abbildungen sind urheberrechtlich geschützt. Jede Verwertung, die nicht ausdrücklich vom Urheberrechtsschutz zugelassen ist, bedarf der vorherigen Zustimmung des Verlages. Das gilt insbesondere für Vervielfältigungen, Bearbeitungen, Übersetzungen, Mikroverfilmungen, Auswertungen durch Datenbanken und für die Einspeicherung und Verarbeitung in elektronische Systeme. Alle Rechte, auch die des auszugsweisen Nachdrucks, der fotomechanischen Wiedergabe (einschließlich Mikrokopie) sowie der Auswertung durch Datenbanken oder ähnliche Einrichtungen, vorbehalten.

Impressum:

Copyright © 2014 GRIN Verlag, Open Publishing GmbH
Druck und Bindung: Books on Demand GmbH, Norderstedt Germany
ISBN: 9783668426061

Dieses Buch bei GRIN:

http://www.grin.com/de/e-book/357267/justinian-und-die-rueck-eroberung-afrikas

Johannes Konrad

Justinian und die (Rück-) Eroberung Afrikas

GRIN Verlag

GRIN - Your knowledge has value

Der GRIN Verlag publiziert seit 1998 wissenschaftliche Arbeiten von Studenten, Hochschullehrern und anderen Akademikern als eBook und gedrucktes Buch. Die Verlagswebsite www.grin.com ist die ideale Plattform zur Veröffentlichung von Hausarbeiten, Abschlussarbeiten, wissenschaftlichen Aufsätzen, Dissertationen und Fachbüchern.

Besuchen Sie uns im Internet:

http://www.grin.com/

http://www.facebook.com/grincom

http://www.twitter.com/grin_com

Ruprecht-Karls-Universität Heidelberg
Zentrum für Europäische Geschichts- und Kulturwissenschaften
Seminar für Alte Geschichte und Epigraphik
Wintersemester 2013/2014
Proseminar: "Justinian"

Justinian und die (Rück-) Eroberung Afrikas

Vorgelegt von:
    Johannes Konrad
    Geschichte BA (HF)
    Philiosophie (NF)

13.04.2014

Inhaltsverzeichnis

1. Einleitung 3
2. Die Kriegsursachen 4
3. Die Nachkriegsordnung 5
   - 3.1 Administrative Reorganisation Afrikas 5
   - 3.2 Die Maurenaufstände 6
   - 3.3 Die Meuterei des Stozas 7
4. Konsequenzen und Deutung des Sieges 8
   - 4.1 Religiöse Aspekte des Vandalenkriegs 8
   - 4.2 Ideologische Auswirkungen 9
5. Fazit 10
7. Quellen und Literaturverzeichnis 11

1. Einleitung

Die Eroberung Afrikas und Italiens gilt oft als bedeutendste Leistung während der Regierung Justinians I. Schließlich handelte es sich um Gebiete, die Rom für über ein Jahrhundert verloren gegangen waren. Dabei wird oft davon ausgegangen, dass der Kaiser von Beginn seiner Herrschaft an ein umfassendes Restaurationsprogramm verfolgte. Walter Pohl meint zur Beseitigung der vandalischen Herrschaft gar: „[...] Justinian simply intended to remove what Romans of his day considered an anomaly: barbarian rule over the heartlands of the Roman state."[1] Tatsächlich fasste er seine Baupolitik, seine gesetzgeberischen Tätigkeiten und die Religionspolitik als Teil eines politischen-gesellschaftlichen Reformwerks auf. Dass aber die praktischen Pläne zur Rückeroberung verloren gegangener Territorien erst nach dem Sieg über das Vandalenreich Teil dieser „renovatio imperii" wurden, ist vor allem durch die Arbeit Mischa Meiers herausgearbeitet worden.

Dennoch verstanden sich sowohl Justinian, als auch die romanische Bevölkerung Afrikas als Römer. Daher stellt sich die Frage in wieweit Justinians „Reconquista" als solche wahrgenommen wurde.

Ich werde mich in dieser Arbeit auf den Krieg gegen das Vandalenreich, bzw. dessen Eingliederung in den oströmischen Machtbereich beschränken, da sich hier entscheidende Probleme an Justinians Restaurationspolitik verdeutlichen lassen und der Resataurationsgedanke als solcher hier erstmals greifbar wird. Dabei möchte ich zunächst kurz auf die Umstände des Krieges eingehen, um anschließend die Maßnahmen der römischen Verwaltung vor Ort und deren Probleme darzulegen. Exemplarisch sollen hier der Maurenaufstand und die Meuterei des Stozas behandelt werden.

Schließlich möchte ich die religiösen und ideologischen Aspekte der Wiedergewinnung Afrikas darlegen und wie sich diese auf Justinians politische Agenda auswirkten.

Dabei werde ich mich vor allem auf Prokops Bella stützen. Die Quelle hat wegen der persönlichen Beteiligung des Autors an Belisars Feldzug einen hohen Informationsgehalt. Problematisch ist jedoch seine Neigung Belisar zu heroisieren und seine teils harsche Kritik an Justinian in den Anekdota, die jedoch in den Bella nur abgeschwächt enthalten ist. Als weitere Quelle dient der Codex Justinianus, der durch seinen offiziellen Charakter ein gutes Zeugnis über Justinians Selbstbild gibt.

---

[1] POHL, Walter, Justinian and the Barbarian Kingdoms, in: The Cambridge Companion of the Age of Justinian, hg. von, Michael Maas, Cambridge 2005, S. 459.

2. Die Kriegsursachen

Dem Eingreifen Justinians in Nordafrika ging die Absetzung des vandalischen Königs Hilderich durch Gelimer voraus, was wohl nicht zuletzt wegen der probyzantinischen Ambitionen des ersteren erfolgte.[2] Der Widerspruch des Kaisers gegen diesen Staatsstreich drängte jedoch nicht von vornherein auf eine Delegitimierung des neuen Herrschers, wenngleich diese Option in Prokops Überlieferung als Drohung offengehalten wird. In den Bella gibt er den Protest des Kaisers wie folgt wieder:

> „*You are not acting in a holy manner nor worthily of the will of Gizeric, keeping in prison an old man and a kinsman and the king of the Vandals (if the counsels of Gizeric are to be of effect), and robbing him of his office by violence, though it would be possible for you to receive it after a short time in a lawful manner. Do you therefore do no further wrong and do not exchange the name of king for the title of tyrant, which comes but a short time earlier*"[3]

Hier stellt sich der Kaiser als Verfechter des Erbrechts dar, während die Rechtmäßigkeit der vandalischen Herrschaft an sich nicht zur Debatte steht.

Gerhard Waldherr unterstellt Justinian dennoch bereits von Beginn seiner Herrschaft an einen Rückeroberungsplan und wertet die bei Prokop aufgeführten Einwände daher als bloße Propaganda.[4]

Die rasche Beseitigung der vandalischen Herrschaft nach den römischen Siegen bei Ad Decimum im September und bei Tricamarum im Dezember des Jahres 533 hatte im Wesentlichen zwei Gründe: Zum einen die große Kluft zwischen der kleinen vandalischen Oberschicht und der romanischen Bevölkerung, die vor allem vom arianischen Bekenntnis der Vandalen und deren restriktiver Haltung der orthodoxen Bevölkerungsmehrheit gegenüber herrührte.[5] Zum anderen war die ohnehin schwach verwurzelte Herrschaft im Laufe des vierten Jahrhunderts bereits stark erodiert und durchdrang nur noch einen Teil des nominellen Territoriums.[6]

Das gewonnene Gebiet zu halten und zu befrieden sollte sich dagegen als äußerst schwierig für die Römer herausstellen.

---

[2] LEPPIN, Hartmut, Justinian, das christliche Experiment, Stuttgart 2011, S. 152.
[3] PROKOP, bell. 3, 9, 14-23.
[4] WALDHERR, Gerhard, Turba Maurorum, Byzantiner und Mauren in Nordafrika, in: Ad Fontes! Festschrift für Gerhard Dobesch zum fünfundsechzigsten Geburtstag, hg. Von Herbert HEFTNER - Kurt TOMASCHITZ, Wien 2004, S. 829.
[5] POHL, S. 456f.
[6] WALDHERR, S. 829f.

3. Die Nachkriegsordnung

In diesem Kapitel möchte ich einige Aspekte der praktischen Eingliederung Afrikas ins Imperium Romanum, sowie die damit verbundenen Probleme unter der Fragestellung behandeln, inwieweit auf dieser Ebene von einer Wiedereingliederung zu sprechen ist.

3.1 Administrative Reorganisation Afrikas

Die gesetzlichen Maßnahmen Justinians zur Neuordnung Africas sieht Konrad Vössing im Lichte einer demonstrativen Restauration römischer Verhältnisse. Zu nennen sind hier vor allem die Möglichkeit zur Wiedererlangung von Landbesitz, der während der vandalischen Herrschaft enteignet wurde, sowie die Unterstützung der öffentlichen Bildung als Signal an die urbanen Oberschichten.[7] Auf ziviler Ebene wurde das gewonnene Gebiet 534 als praefectura praetorio der Verwaltung Solomons unterstellt während die militärische Oberhoheit zunächst bei Belisar verblieb, dem fünf duces zur Sicherung des Landes untergeordnet waren. Diese Reorganisation gestaltete sich jedoch derart, dass den städtischen Eliten die höchsten Staatsämter weitgehend verschlossen blieben und die zivile und militärische Herrschaft in Africa somit weitgehend von byzantinischen Militärs ausgeübt wurde.[8] Trotz der damit erfolgten administrativen „Normalisierung" blieb die byzantinische Machtsphäre auf den Bereich beschränkt, der militärisch gegen die zunehmenden Maureneinfälle zu verteidigen war.[9]

Auf kirchlicher Ebene ging Justinian auf die Forderungen der chalkedonensischen Bischöfe Africas ein, in dem er ihren Besitz restituierte. Er begnügte sich jedoch nicht mit der Wiederherstellung vorvandalischer Besitzstandsverhältnisse, sondern verbot allen nicht orthodoxen Konfessionen, einschließlich den Juden, die Glaubenspraxis, sowie den Zugang zu öffentlichen Ämtern.[10] Vor allem Justinians Regelungen zur Besitzrestitution lassen sich derart lesen, dass er die Gewinnung Africas als Rückkehr zur alten Ordnung und nicht als Eroberung verstanden wissen wollte. Trotzdem sollten einige dieser Bestimmungen in der folgenden Zeit für massive Problem in den afrikanischen Provinzen sorgen.

---

[7]VÖSSING Konrad, Africa zwischen Vandalen, Mauren und Byzantinern (533-548 n.Chr.), in: Zeitschrift für antikes Christentum 4, 2000, S.202f.
[8]Ebd., S. 214.
[9]PRINGLE Denys, The Defence of Byzantine Africa from Justinian to the Arab Conquest. An account of the military history and archaeology of the African provinces in the sixth and seventh century, in: BAR International Series 99 (i), Oxford 1981, S. 23.
[10]LEPPIN, S.158.

3.2 Die Maurenaufstände

Wurden zu Beginn des Vandalenkriegs unter Belisar noch Verträge mit den Mauren angebahnt, zeigte sich das beiderseitige Verhältnis unmittelbar nach dessen Abreise 534 schwer zerrüttet als sich diese im Aufstand gegen die neuerliche römische Herrschaft befanden. Dies ist nach Konrad Vössing nicht zuletzt auf ein tiefes Unverständnis der neuen Landesherren gegenüber den lokalen Verhältnissen zurückzuführen.[11] Gerhard Waldherr nennt hier vor allem die zunehmende Herausbildung und Ausdehnung autonomer Herrschaften, namentlich die des Iaudas und des Antalas, auf vormals römischem Gebiet und die völlige Verkennung dieser machtpolitischen Gegebenheiten seitens der Byzantiner als Hauptproblem bei der Lösung des Konflikts.[12] Solomon konnte sich zwar anfangs militärisch gegen die Mauren behaupten, aber die Aufstände brachen in unregelmäßigen Abständen bis zu dessen Tod 544 immer wieder aus. Eine Wende in der Maurenpolitik trat jedoch erst ab 546 mit der Ernennung Johannes Troglitas zum magister militum Africae ein, der mit einem Teil der vormaligen Rebellen einen Frieden aushandelte und deren Oberhäupter in ihren Positionen bestätigte.[13] Der Aufstand des Jahres 543, der als lokaler Konflikt in Leptis Magna begonnen, sich aber rasch nach Tripolitanien und die Kyrenaika ausgedehnt hatte, ist dabei bezeichnend für die Auseinandersetzung der Römer mit den Mauren. Denn Antalas forderte in einem Brief an Justinian die Absetzung Sergios, den er als dux von Leptis Magna für den Konflikt verantwortlich machte. Dies zeigt seine prinzipielle Akzeptanz der römischen Herrschaft.[14] So waren die kriegerischen Auseinandersetzungen mit den Mauren insgesamt kein Verdrängungswettbewerb, wie Vössing schreibt, sondern vielmehr Ausdruck eines Partizipationswillens dieser, wobei vor allem unter Solomon das Dilemma darin bestand, den Konflikt als einen rein militärischen zu betrachten.[15]

Die mangelhafte Fähigkeit der byzantinischen Machthaber vor Ort die Situation adäquat zu beurteilen, geschweige denn den Konflikt anders als kriegerischen zu handhaben, lassen die Wiedereingliederung Afrikas ins Imperium Romanum bisweilen als Fremdherrschaft erscheinen.

---

[11] VÖSSING, S. 205.
[12] WALDHERR, S. 834.
[13] Ebd., S. 838f.
[14] Ebd., S. 839.
[15] VÖSSING, S.208.

3.3. Die Meuterei des Stozas

Als sich 536 circa 9000 Soldaten in Libyen unter ihrem Anführer Stozas offen gegen Solomon wandten, war dies nicht zuletzt eine Folge der Restaurationspolitik Justinians. Denn ein großer Teil der Truppen waren Arianer, die nun von Justinians religionspolitischer Reaktion auf die Restitutionsforderungen der afrikanischen Bischöfe betroffen waren. Nach der Synode von Karthago wechselte der Kaiser von seinem anfangs toleranten zu einem äußerst restriktiven Kurs gegenüber allen nicht chalkedonensischen Konfessionen.[16] So schreibt Prokop:

"For it was not possible for them to worship God in their accustomed way, but they were excluded both from all sacraments and from all sacred rites. For the Emperor Justinian did not allow any Christian who did not espouse the orthodox faith to receive baptism or any other sacrament."[17]

Den Hauptgrund sieht Prokop jedoch in materiellen Anliegen der Soldaten. So hatten diejenigen, die vandalische Frauen geheiratet hatten kein Anrecht auf deren Erbe und Besitz, wenn sich ein Eigentümer aus vorvandalischer Zeit ausfindig machen ließ, wobei auch ausstehender Sold und Uneinigkeit bei der Verteilung von Beute eine Rolle spielten.[18]

Nachdem ein Attentat auf Solomon gescheitert war musste dieser vor den Meuterern nach Sizilien flüchten. Die Truppen, die Belisar daraufhin in das mittlerweile geplünderte Karthago führte, konnten Stozas Armee zwar vertreiben, jedoch nicht besiegen.[19] Auch nach einem Sieg der kaiserlichen Truppen unter Germanos 537 sind die Meuterer nicht geschlagen, sondern können sich nach Mauretanien zurückziehen und neuformieren. Nach einer erneuten Soldatenrevolte in Karthago wird Solomon schließlich im wiederum ausgebrochenen Maurenkrieg von seinen Truppen im Stich gelassen und kommt um.[20]

Trotz der bei Prokop hoch gelobten Disziplin der kaiserlichen Truppen bei der Einnahme Karthagos, war die Kluft zwischen diesen und der romanischen Bevölkerung relativ groß. Ein Grund dafür war, dass sich das römische Heer zu diesem Zeitpunkt hauptsächlich aus Hunnen, Herulern und Lombarden zusammen setzte, die die Bevölkerung Africas nicht als die „eigene" betrachteten.[21] Dass sich die Meuterei unter anderem an der Beutefrage entzündete, deutet Denys Pringle dahingehend, dass sich die Truppen durchaus als Eroberer verstanden, wenn er schreibt: „To many soldiers it appeared therefore that they

---

[16] PRINGLE. S.24.
[17] PROK. bell. 3, 14, 10-17.
[18] Ebd., bell, 3, 14, 10-17.
[19] LEPPIN. S. 160.
[20] VÖSSING, S.211.
[21] POHL, S. 444f.

were being deprived of what was theirs by right of conquest."[22] Zum einen waren (vor allem in Bezug auf die Frage des vandalischen Erbes) gewisse Konflikte mit der Restaurationspolitik Justinians zwar vorgezeichnet, zum anderen zeigt sich aber auch wieder eine gewisse Unfähigkeit der byzantinischen Militäradministration bei der Beurteilung der Gegebenheiten.

4. Konsequenzen und Deutung des Sieges

Hier sollen die ideologischen Gesichtspunkte des Vandalenkriegs sowie die Auswirkungen des Sieges auf dieser Ebene beleuchtet werden.

4.1 Religiöse Aspekte des Vandalenkriegs

Die Eroberung Africas sieht Justinian selbst durchaus als eine Wiedergewinnung. So heißt es im Codex Justiniani:

> *„In nomine domini nostri Ihesu Christi ad omnia consilia omnesque actus semper progredimur. Per ipsum enim imperii iura suscepimus, per ipsum pacem cum persis in aeternum confirmavimus, per ipsum acerbissimos hostes et fortissimos tyrannos deiecimus, per ipsum multas difficultates superavimus, per ipsum et Africam defendere et sub nostrum imperium redigere nobis concessum est, per ipsum quoque, ut nostro moderamine recte gubernetur et firme custodiatur, confidimus."*[23]

Der militärische Erfolg wird hier als Befreiung der römischen Bevölkerung verstanden, vor allem wird er aber auch als das Wirken Gottes gesehen, das sich im Handeln des Kaisers manifestiert.

Auch bei Prokop erhält der Vandalenkrieg eine religiöse Konnotation, wenn er von einem afrikanischen Bischof berichtet, der den Kaiser wegen dessen Zögern vor Kriegsbeginn wie folgt ermahnt:

> *„And when he met Justinian, he said that God had visited him in a dream, and bidden him go to the emperor and rebuke him, because, after undertaking the task of protecting the Christians in Libya from tyrants, he had for no good reason become afraid."*[24]

Das Vorgehen gegen die arianischen Vandalen sieht Mischa Meier dennoch nicht als einen Religionskrieg in dem Sinne an, dass deren Bekenntnis oder die Unterdrückung der

---
[22] PRINGLE, S. 25.
[23] Codex Justiniani, 1, 27, 1.
[24] PROK., bell. 3, 10, 22-28.

Nicäaner in Afrika Kriegsgründe waren.25 Auch, wenn in mehreren Novellen Justinians von der „Rückgewinnung" Africas die Rede ist, so überwiegt doch stets seine Selbstinszenierung als Befreier des wahren Glaubens, gegenüber der Polemik einer „renovatio imperii" im territorialen Sinne.26

Dennoch finden sich im Zuge des Sieges über die Vandalen einige Elemente herrscherlicher Selbstinszenierung bei Justinian, die durchaus bewusst auf ältere Traditionen zurückgreifen.

4.2 Ideologische Auswirkungen

Der Sieg über Gelimer war für Justinian auch jenseits machtpolitischer Aspekte von großer Bedeutung. Ersichtlich wird dies im Triumph, den Belisar nach seiner Rückkehr aus Karthago 534 erhält und zu dem Prokop bemerkt.

> *„Belisarius, upon reaching Byzantium with Gelimer and the Vandals, was counted worthy to receive such honours, as in former times were assigned to those generals of the Romans who had won the greatest and most noteworthy victories. And a period of about six hundred years had now passed since anyone had attained these honours [...].*27

Prokop hebt hier die besondere Leistung Belisars hervor. Justinian setzt seine Herrschaft mit der Bezugnahme auf die republikanische Tradition von einer jüngeren Vergangenheit ab.28 Die Rückgewinnung Africas wird, in dem sich sowohl Belisar, als auch der besiegte Gelimer vor dem Kaiserpaar niederwerfen müssen sein alleiniger Verdienst. Da ein Triumph dieser Art in der Vergangenheit den Caesaren vorbehalten war, ist diese gleichzeitige Ehrung und „Erniedrigung" Belisars bezeichnend für die Selbstdarstellung Justinians. Sie unterstreicht nicht nur seine Urheberschaft des Sieges, sondern auch, wie Mischa Meier schreibt, „die forcierte Konzentration aller positiven Entwicklungen auf den Kaiser.", was seine rege Gesetzgebung und Bautätigkeit mit einschließt.29 In diesem Sinne

---

[25] MEIER Mischa, Der christliche Kaiser zieht (nicht) in den Krieg, in: Krieg und Christentum. Religiöse Gewalttheorien in der Kriegserfahrung des Westens, hg. von Andreas HOLZEM (Krieg in der Geschichte, Bd. 50), S. 261.
[26] NOETHLICHS, Karl Leo, Quid possit antiquitas nostris legibus abrogare?, Politische Propaganda und praktische Politik bei Justinian I. im Lichte der kaiserlichen Gesetzgebung und der antiken Historiographie, in: Zeitschrift für antikes Christentum 4/1, 2000, S. 119.
[27] PROK., bell. 4, 9, 4-11.
[28] MISCHA, Meier, Das andere Zeitalter Justinians, Kontingenzerfahrung und Kontingenzbewältigung im 6. Jahrhundert n. Chr. (Hypomnemata. Untersuchungen zur Antike und ihrem Nachleben, Bd. 147), Göttingen 2003, S. 155f.
[29] Ebd., S. 181f.

ist die Einnahme Afrikas, bzw. deren öffentlichkeitswirksame Inszenierung durch den Triumph, das Ereignis, in dem sich die restaurativen Elemente der bisherigen Politik Justinians zu einer politischen Agenda, einer nun auch territorial verstandenen renovatio imperii verdichten.[30]

5. Fazit

Die zivile und kirchliche Reorganisation Afrikas nach der Eroberung lässt unmissverständlich erkennen, dass Justinian diese als eine Rückeroberung begriff. Insbesondere die Regelungen zur Rückerstattung von Grundbesitz legen dies nahe.

Andererseits weist die byzantinische Herrschaft zumindest in ihren ersten Jahrzehnten Merkmale einer Fremdherrschaft auf, wie sich an der Unfähigkeit die Problematik der Maurenaufstände adäquat zu fassen, sowie der Exklusion alter Eliten zeigt. Auch die Rolle der römischen Truppen im Land war eher die eines Besatzers, wie gerade die zahlreichen Plünderungen im Zuge von Stozas Meuterei bezeugen.

Für Justinian selbst schließlich war der Sieg über das Vandalenreich ein wichtiger Bestandteil seiner Darstellung als christlicher Kaiser, der für den wahren Glauben eintritt. Die feierliche Inszenierung des Sieges bot zudem eine Projektionsfläche für eine politische Programmatik mit einem a priori siegreichen Kaiser im Zentrum eines wiedererstarkenden Imperiums.

So kann der Status des Vandalenkriegs als „Reconquista" in Anbetracht der Realitäten vor Ort zwar relativiert werden, in Bezug auf Justinians Selbstverständnis und Politik ist diese Deutung jedoch zentral.

---

[30]Ebd., S. 165f.

7. Quellen und Literaturverzeichnis

Quellen:

- Prokop, History of the Wars, Books III and IV, The Vandalic War, in: Project Gutenberg, URL: [http://www.gutenberg.org/files/16765/16765-h/16765-h.htm] (13.04.2012)

- Codex Justinianus, I., in: The Roman Law Library, URL: [http://droitromain.upmf-grenoble.fr/Corpus/CJ1.htm] (13.04.2014)

Literatur:

- LEPPIN, Hartmut, Justinian, Das christliche Experiment, Stuttgart 2011.

- PRINGLE Denys, The Defence of Byzantine Africa from Justinian to the Arab Conquest. An account of the military history and archaeology of the African provinces in the sixth and seventh century, in: BAR International Series 99 (i), Oxford 1981, S. 23.

- MEIER, Mischa, Das andere Zeitalter Justinians, Kontingenzerfahrung und Kontingenzbewältigung im 6. Jahrhundert n. Chr. (Hypomnemat, Untersuchungen zur Antike und ihrem Nachleben, Bd. 147), Göttingen 2003.

- WALDHERR, Gerhard, Turba Maurorum, Byzantiner und Mauren in Nordafrika, in: Ad Fontes! Festschrift für Gerhard Dobesch zum fünfundsechzigsten Geburtstag, hg. von Herbert HEFTNER - Kurt TOMASCHITZ, Wien 2004.

- MEIER, Mischa, Der christliche Kaiser zieht (nicht) in den Krieg, in: Krieg und Christentum. Religiöse Gewalttheorien in der Kriegserfahrung des Westens hg. von Andreas HOLZEM (Krieg in der Geschichte, Bd. 50), Paderborn 2009.

- POHL, Walter, Justinian and the Barbarian Kingdoms, in: The Cambridge companion to the age of Justinian, hg. von Michael Maas, Cambridge 2005.

- VÖSSING, Konrad, Africa zwischen Vandalen, Mauren und Byzantinern (533 – 548 n. Chr.), in: Zeitschrift für antikes Christentum 4, 2000, S. 186-225.

BEI GRIN MACHT SICH IHR WISSEN BEZAHLT

- Wir veröffentlichen Ihre Hausarbeit, Bachelor- und Masterarbeit

- Ihr eigenes eBook und Buch - weltweit in allen wichtigen Shops

- Verdienen Sie an jedem Verkauf

Jetzt bei www.GRIN.com hochladen und kostenlos publizieren